AF342761

L'INSURRECTION DES CLUBS GENEVOIS

Contre l'assemblée du Souverain, contre ses tribunaux, contre les riches, et contre le ministre résident de la république française.

PREMIER COMPTE rendu au comité de salut public, par J. L. SOULAVIE, avec les pièces justificatives.

CITOYENS REPRÉSENTANS,

Vous m'avez ordonné par un arrêté particulier de composer, dans la maison Talaru *le compte politique de ma mission à Genève.* L'impression seule, à cause de la mutabilité des représentans dans le comité, peut le faire connoître aux membres successifs qui le composent.

Le comité diplomatique et le conseil exécutif ne trompèrent point la convention, lorsqu'au mois de 9bre. 1792, ils lui dénoncèrent officiellement la faction que les ennemis de la France, ont alimenté dans tous les tems, dans la ville de Genève contre nous.

En général la nation genevoise est aimable, inté-

A

ressante, industrieuse, républicaine, heureuse dans la culture des sciences et des arts, amie de la France et de ses succès. J'en ai vu la preuve à la nouvelle de la prise de Toulon ; mais cette faction ennemie, trompant Genève et trompant la France, doit être observée de près par les deux nations. Dirigeant dans Genève les comptoirs de l'Angleterre ; immiscée au gré de cette puissance ennemie, dans les factions du Midi ; tourmentée de la soif de l'or, elle ne voit, dans les journées du 14 juillet, du 10 août et du 10 thermidor, que des mouvemens purement mécaniques, après lesquels elle s'identifie toujours au parti contraire à notre gouvernement.

Si le dernier de nos rois oppose à la nation cette longue résistance qui le précipita du trône, nos ennemis dans Genève s'unissent à lui ; la coalition des rois établit dans Genève ses bureaux. Le trésor de la bourse française, dont les fonds sont établis à Londres, fournissent impunément 1800000 livres à d'Artois, et 600000 liv. aux chefs du régiment de Châteauvieux. Il se fait en même tems des emprunts scandaleux, pour les émigrés et pour les frères de Capet, ect. ect. ect. (*Voyez les pièces ci-après Nos.* 1, 2, 3, *et* 4.)

Si la France se constitue en république, la faction hostile de Genève lui cherche des ennemis. Elle persuade les Suisses que la convention veut s'emparer de Genève, elle les appelle dans la ville, pour nous y appeler nous mêmes, afin de déterminer un choc entre les deux nations et pour commencer une rupture entre la France et des Canton Si la France réunit toutes ses forces pour-

conquérir Lion, Marseille et Toulon, pour expulser le roi Sarde au-delà des Monts, et pour réprimer le Fanatisme; si elle oppose ses jeunes gens de réquisition à la conjuration des rois; si elle assure la Suisse et les puissances neutres, que la France respecte leur indépendance, la faction ennemie publie que Genève n'est pas comprise dans la neutralité. Elle séduit notre jeunesse en réquisition ; elle l'enrôle au profit du roi Sarde, sous les yeux-mêmes du résident. Elle favorise et les fanatiques rassemblemens du curé de Russin, et un prêtre émigré de Lion, dans notre bourse française. Elle procure plusieurs passeports signés en blanc, au contre-révolutionnaire D' 'sson, etc.; elle introduit dans Lion, pour l'insurger, ' , millions en or, que lui envoye Pitt. Depuis des si' 's, la France avoit alimenté Genève, et dans ces 'mens de notre détresse la faction avoit à Genève v telle influence, qu'on nous refuse officiellement, apr' trois promesses verbales, le prêt de quelques coupes d' bled, de quelques boulets et de deux canons pour l' pulsion des Piémontais, arrivés aux portes de Genè e. Si quelques bons génevois, touchés du courage des français qui se trouvoient alors sans armes, nous v' 'ndent des fusils, le patriote qui les procure au résident 'st chassé de la ville ; tandis que l'ennemi se battoit avec des fusils aux armes de Genève, que le français victorieux surprit au champ de bataille. Tant la faction ennemie regrettoit le roi sarde et les anciennes limites savoyardes

J'arrivois à peine alors à Genève , en qualité de *ministre résident*. Occupé dès mon jeune âge, de l'histoire naturelle de la France , et de celle des dernières années de la monarchie expirante ; chargé de nos affaires en Danemarck en décembre 1792 , j'ai travaillé pendant quatre mois à Paris , à la neutralité du Nord. En arrivant à Genève , je m'occupai d'empêcher la jonction des piémontais avec Lyon. Des français des environs de Genève , effrayés , quittoient leurs postes , et abandonnoient un pays sans armes ; la terreur régnoit dans les environs , et la joie dans une partie de Genève. Dans ces circonstances, je réunis un membre de chaque autorité constituée, pour prendre pendant un mois, en présence de l'ennemi , les mesures convenables. Nous déjouâmes les complots des émigrés de Suisse , des royalistes du Mont-Blanc ; ils formoient une chaîne non interrompue , de Lyon à Turin.

La faction genevoise s'irrita d'un aussi grand dévoûment : intéressée à le neutraliser , elle me fit offrir des récompenses étrangères , et ma réponse fut l'envoi des preuves du fait au gouvernement. Ferme dans mes devoirs , la faction m'offrit de se vendre elle-même ; j'envoyai encore au ministére français , l'écrit de la main du genevois alors en place , qui m'offroit autant d'influence que j'avois peu de crédit , si je voulois donner les sommes que donnoit la coalition à nos ennemis si actifs dans Genève. Honteuse de tous les mépris du résident de France , la faction résolut la perte de l'homme qu'elle n'avoit pu ni avilir , ni tromper , ni corrompre ; elle intrigua obscurement à Paris avec Chaumette , qui servoit toutes les factions opposées à la tranquillité publique. Chaumette déclama depuis à la tribune des

jacobins, et prépara ouvertement le rappel du résident.

Pour prévenir l'effet de cette intrigue, le directoire
du district de Carrouge, près Genève, s'adressa à la
convention elle-même.

« C'est avec la plus profonde douleur que nous appre-
» nons le rappel du citoyen Soulavie, résident près la
» république de Genève, dit le directoire du district ;
» les faits mentionnés dans l'adresse de la société popu-
» laire, ci-jointe, sont constans. Notre témoignage
» mérite quelque considération. Dans cette contrée,
» nous avons été la sentinelle de la liberté, toujours
» veillant, toujours agissant, et nous soutenons que le
» citoyen Soulavie est l'homme le plus propre à sa place
» actuelle. Populaire, éclairé, actif, insinuant, occupé
» sans-cesse de la chose publique, nul intérêt l'occupe,
» que celui de la république française ; ce sont les qua-
» lités que nous avons reconnues en lui. C'est à ses qua-
» lités que nous devons peut-être le salut du Mont-
» Blanc ; il a trouvé le moyen de nous procurer des
» armes, des munitions de guerre et des hommes dans
» Genève, malgré tous les efforts de l'aristocratie. C'est
» sans-doute elle qui a provoqué son éloignement, parce
» quelle n'a pu le corrompre, ni l'entraîner dans ses
» projets liberticides. Conservez-nous Soulavie pour
» résident à Genève, autrement vous jettez la stupeur
» et un découragement absolu dans les cœurs de ce dis-
» trict et de ce département ».

Signé, CHAULMONTEL, *procureur-syndic* ; JACQUE-
MARD, *président.*

A 4

La société de Carrouge constatoit les mêmes faits ;

1°. Sas-cesse à la poursuite de tous les projets contre-
» révolutionnaires , c'est le citoyen Soulavie , dit la so-
» ciété , qui a découvert la coalition subsistante entre
» Turin et Lyon ; les représentans du peuple près
» l'armée des Alpes , l'ont reconnu et l'ont pu-
» blié.

» 2°. C'est lui qui nous a dévoilé le projet des émi-
» grés , de surprendre le fort de l'Ecluse , qui ne se
» trouvoit gardé que par une force insuffisante.

» 3o. C'est lui qui , par son infatigable vigilence , a
» fait arrêter un prêtre qui , après avoir échappé à la
» surveillance des autorités constituées du Mont-Blanc,
» emportoit pour les émigrés une somme de 14000 liv.
» en or , qui vient d'être confisquée par jugement , au
» profit de la nation.

» 4o. C'est lui qui a fait saisir un faisceau de poi-
» gnards venant de Paris.

» 5ª. C'est lui qui , à l'invasion des piémontais dans
» ce département , a fait arrêter sur le lac des officiers
» qui se disposoient à grossir le nombre de nos enne-
» mis.

» 6°. C'est lui qui , plein d'amour et de tendresse
» pour les vrais patriotes , est venu nous rassurer dans le
» moment que les piémontais s'avançoient contre nons;
» a partagé les peines et les travaux des autorités
» constituées de cette ville , et qui , dans ces tems épi-
» neux , n'a pas peu influé sur les sages déterminations
» qui ont été adoptées.

» 7o. Il nous est venu des armes et des munitions p a r

» son canal. Deux compagnies de français, ont été for-
» mées par ses soins, etc.

Signé, Burdalet, *président*; Monachon, Lasale
Pernat, *secrétaires*.

La société populaire de Fernex, et la municipalité de
Versoix constatoient à-peu-près les mêmes faits. Elles
recueilloient sur-tout les preuves du zèle du résident,
pour maintenir l'harmonie avec le corps helvétique. En
effet, exhorter le peuple des frontières à la prudence et
à l'amitié envers les suisses ; placer en France ceux qui
réfugiés sur notre frontière, y inquiétoient le gouvernement helvétique ; persuader à nos imprimeries, qu'elles
ne pouvoient, par des écrits, troubler le repos de nos
voisins ; entretenir avec l'embassadeur une correspondance suivie, monument de sollicitude patriotique,
qu'aucune malveillance ne pourroit obscurcir : tels étoient
les soins du résident. La république de Berne en témoi-
gna sa gratitude à l'Ambassadeur français en Suisse, et
la pièce originale est dans les bureaux des relations
extérieures.

La faction ennemie de la France, agissoit à Genève
bien différemment. Plus le résident multiplioit les preuves
d'amitié que la France donnoit à la Suisse, et plus cette
faction s'éfforçoit de la persuader que la France vouloit
s'emparer de Genève, et entamer le système helvétique.
Les factieux genevois plusieurs fois déclarèrent bêtement
que leur patrie étoit en danger ; attribuant dans leur extrême extravagance, au résident de France, et persua-
dant à un peuple facile et crédule, que cet agent vouloit prendre Genève par famine, et empêchoit l'entrée

des vivres. Un factieux en place osa dire un jour au résident : *Le jour que les français prendront Genève, je
la brulerai.* J'estime que la France ne donnera pas ce
plaisir à ce mauvais citoyen.

En tenant ainsi Genève et la Suisse dans la crainte
permanente d'une invasion, la faction préparoit de loin
la conjuration du 8 messidor. Elle avoit pour but d'armer
la France et les Suisses, sous pretexte d'un prétendu
envahissement de Genève.

Le jour préparé pour cette expédition idéale et supposée
arriva. Pour armer tout-à-la-fois la France, la Suisse et
Genève, la faction conduite par Dumouriez, qui étoit
dans le pays de Vaud, avec Lameth et autres, imagina de
faire accroire à Dumas, général en chef de notre armée
des Alpes, que les émigrés en Suisse venoient surprendre
Genève; le général m'en demanda des nouvelles et le se-
rétaire de légation copia ma réponse, qui démontroit
l'impuissance et la nullité des émigrés par une entreprise de
ette espèce. La faction en échouant du côte du général en
chef se retourna, et le secrétaire de légation se repent
beaucoup, sans doute, de la nouvelle officielle et fausse
qu'il donna à Poujet, général divisionnaire, au mépris de
mes notes et au mépris de celles de l'ambassadeur Barthelemy, sur l'état réel des émigrés et sur leur-impuis-
sance pour un pareil attentat. Le sens commun persua-
doit d'ailleurs que tous les partis dans Genève se seroient
réunis et soulevés contre trois à quatre cent hommes fu-
gitifs, sans armes, ni secours; mais aucune note ni aucune raison né purent empêcher les effets funestes des lettres secrettes
du secrétaire de légation. La supposition extravagante

de l'arrivée des émigrés sur Genève, fit armer le 6 messidor, pendant la nuit, trois à quatre mille hommes qui, de toutes les parties du pays de Gex , s'avancèrent vers le pays de Vaud, au mépris des traités. Le lendemain, ils braquèrent le canon sur les avenues du côté des Suisses, sages et simples observateurs de la perfidie des intrigans , et de la crédule bonhommie des français.

Le résident, plus alarmé , écrivit une lettre circulaire le même jour à l'embassadeur en Suisse, au gouvernement français , au général Dumas et à l'état-major. Il accourut près les troupes insurgées, près les autorités constituées de Fernex , de Versoix et de Carrouge. Il fit tout pour avilir et détruire la nouvelle criminelle et bizarre de l'arrivée des émigrés , et pour montrer qu'elle sortoit de la bouche des ennemis. Chemin faisant , il observoit les effets sur les esprits, de cette alarme singulière ; les factieux de Genève, pour faire valoir leur supposition , disoient AUX FRANÇAIS : *Les émigrés vont arriver.* Ils disoient AUX SUISSES , *que les français du pays de Gex alloient les attaquer ;* et ils disoient AUX GENEVOIS, *que la France alloit surprendre leur ville.* Le résident de France, présent par-tout, annulloit l'effet de ces dangereuses alarmes , et renversoit les plans de Dumouriez.

Le gouvernement de Genève ne voulut pas rester en arrière. Il étoit si connu que la faction hostile conspiroit alors à Genève contre la France, que le gouvernement en avoua les excès, et les laissa impunis ; *Nous avons la certitude morale , que des genevois dans l'intérieur,* dit le gouvernement de Genève dans son rapport diplomatique , *ont trempé dans le projet contre-révolutionnaire ; mais quels sont-ils ? C'est ce que nos recherches n'ont pu nous faire découvrir.* Les recherches du résident lui ont prouvé des connivences entre Dumouriez, des genevois et Robespierre, le 8 messidor, pour brouiller la France et la Suisse, et pour commencer dans l'Ain une Vendée ; et ce sont les lumières, à ce sujet du résident et la connoissance des outrages secrets de quelques genevois contre sa patrie, qui ont déterminé les poursuites en France contre lui.

La faction déjouée ne fut ni paisible ni déconcertée. La Suisse bien prévenue par le résident de France, resta spectatrice de l'armement, et déclara, comme l'avoit écrit le résident à l'ambassadeur, *qu'on avoit tenté de brouiller deux nations qui ne cesseroient d'être unies.* La faction toujours active se retourna toutefois, dans un autre sens, et détermina la révolution des clubs, contre l'assemblée générale du souverain à Genève, et la détermina à deux fins, 1°. pour attirer les suisses, garans de la tranquillité publique, à Genéve, afin de nous y attirer nous-mêmes comme en 1792. 2°. pour faire à Genève un essay du plan de Maximilien. (*Voyez les pièces* 5, *6*, 7, 8, 9 *et* 10). Un génevois-jacobin à Paris , en avoit apporté les plans et les dirigeoit de concert avec des français, et avec beaucoup de traîtres et de fripons.

Rien ne peut peindre les horreurs de la sédition des clubs, ni les terreurs, qu'ils répandirent dans Genève. Le souverain ayant dans sa volonté suprême, réjeté plusieurs fois un impôt, dix-huit clubs s'armèrent et substituèrent à ses tribunaux des commissions judiciaires, militaires et de finance. Ils emprisonnèrent 500 citoyens ; ils en exilèrent une partie, et fusillèrent l'autre ; ils enlevèrent plus de deux millions, qu'ils dilapidèrent en 50 jours, et se les partagèrent, suivant leurs comptes rendus, déclarant au résident, *qu'ils vouloient se rapprocher de la France.* Ils se rapprochoient en effet de la tyrannie de Robespierre, et perdoient en Suisse l'amitié d'un gouvernement remarquable par sa douceur et sa tranquillité. Le sénat de Berne en les déshonorant à la face de l'Europe, les appelle *des hommes de sang , qui avoient usurpé le droit de disposer des vies et des fortunes de leurs concitoyens;* tandis que les clubistes appeloient cette révolution leur 31 mai. (*Voyez no.* 11.)

La férocité des clubs animés contre leurs propres concitoyens, se tourna bientôt contre les français eux-mêmes. La faction vouloit exciter des séditions, et dans l'espace de huit jours, le résident vit arriver des plaintes du représentánt du peuple dans l'Ain, des autoritées constituées et des douânes contre les clubistes génevois en révolution. Ils avoient dans huit jours, 1°. fusillé une barque sur le lac, décorée de notre pavillon. 2°. Ils avoient signé et délivré douze passe-ports ou *cartes-de-passage* aux armes de Genève, où il étoit dit que les douze voyageurs, *alloient en France prendre toutes les véroles pour en infecter Genève.* 3°. Ils avoient enlevé des récoltes en France, sous prétexte que la propriété des champs, appartenoit à des génévois. 4°. Ils avoient assassiné un citoyen

de nos douanes qui empêchoit l'exportation de nos denrées. Le résident de France, d'après les plaintes officielles (*num.* 12, 13, 14, 15, 16, 17 et 22), demanda justice aux syndics de Genève (*Voy. num.* 18) ; mais ces syndics offensés de ce qu'on certifioit, par des plaintes officielles ces attentats, publièrent que les clubs insurgés, étoient *les vrais amis de la liberté* (*Voyez num.* 19). Et livrèrent à *ces amis de la liberté*, à leur commission sanguinaire, et aux clubs assemblés, la personne et la plainte du résident- (*Voyez les num.* 20 et 21). Par cet acte inoui et inconnu chez les nations policées, le ministre de la république française devint le justiciable des clubs. Leur fureur étoit telle, qu'ils poursuivoient l'épouse du résident, jeune, intéressante, belle et vertueuse, en l'effrayant par le signe de la guillotine, supplice qu'ils réservoient, disoient-ils, à son mari. La commission établie par les clubs pour fusiller, inquisitionnoit en même-tems et les copistes du résident et les génevois qui fréquentoient la résidence : elle les citoit; elle leur demandoit publiquement dans les interrogatoires, ce qu'ils alloient faire chez le résident; elle recherchoit des délits où il y avoit des vertus : laissant les perfidies les plus notoires contre nous, dans l'impunité, et punissant les actes de vertus et de courage des français et des *MONTAGNARDS* génevois qui travailloient alors à délivrer la France de Maximilien, le patron et l'idole des commissions établies par les clubs insurgés de Genève pour fusiller.

En effet, s'il y avoit alors à Genève 18 clubs fusilleurs, il y en avoit un 19e. celui des *bons et des vrais montagnards*, attachés aux destinées de la France, qui refusa de juger, d'embastiller leurs concitoyen, et fut sans cesse en opposition par ses vertus et sa modération aux clubs qui jugeoient et fusilloient. Robespierre regnoit à Paris et dans Genève , et de vrais montagnards, durant tout le mois de messidor, interceptoient ses lettres criminelles de concert avec le résident. Vainement les syndics et les clubs fusilleurs maltraitoient-ils dans leurs écrits, ou emprisonnoient les notables montagnards, *parce qu'ils traitoient Marat,* (disent les syndics , les clubs insurgés, dans leur rapport diplomatique), et *Robes-pierre de scélérats, et parce qu'ils louoient les girondins;* ces montagnards ne cessoient d'avertir le résident , et de servir la république française selon le serment qu'ils en avoient prêté. Les lettres interceptées, dans lesquelles il s'agissoit *du bambin du Temple , du retour de la noblesse , d'une religion nationale , etc. etc.* passoient en France sous l'enveloppe extérieure du comité de sûreté générale , qui les fit citer au tyran, à la convention le 9 thermidor. Elles le déconcertèrent ; elles le laissèrent sans réponse ; elles précédèrent et excitèrent le cri libérateur *à bas le tyran :* et c'est le courrier du ré-présentant Meaulle dans l'Ain , qui venoit chaque jour rechercrher les dépêches à Genève.. (*Voyez les journaux du tems*).

Le gouvernement Français fut alors renouvellé, et c'est parce que le résident de France à Genève avoit dans ses mains les preuves des crimes de la faction de Genève, contre les Français, que les syndics et les clubistes, profitèrent

du moment de mutation, pour perdre le résident. Ils avoient trouvé au club la copie d'un mémoire sur ces délits de la faction Genèvoise contre la France ; ils supposèrent que ce mémoire composé en France pour l'instruction du représentant dans l'Ain avoit été envoyé à ce club pour l'animer contre la faction.

Averti de son arrestation prochaine, le résident mit ses livres à couvert des insultes des clubs, se ressouvenant qu'avant sa résidence, des factieux avoient pillé deux fois les archives de la république française. Il fit donc partir le matin son épouse, et se présenta le soir avec tranquillité à son successeur Adet, qui avoit l'ordre de le mettre en état d'arrestation. On vit alors des clubistes genevois appliquer leurs mains encore sales et puantes du sang des enfans des français, sur la personne du ministre de france, ils lui refusèrent le tems de prendre une malle et du linge, ils lui enlevèrent une bouteille d'au-de-vie pour se soutenir en chemin, ils le jettèrent dans une voiture farcie de leurs pistolets, ils traînèrent de nuit leur proye en France à travers de sabres nuds et de bayonnettes ; ils envoyèrent à Paris à leurs agens des libelles méprisables contre lui, et ces clubistes que la Suisse avoit appellé *des hommes altérés du sang humain,* se vengèrent ainsi du résident, qui avoit refusé de se vendre avec eux aux puissances étrangères, de trahir le peuple français, et d'être à Genève leur premier commis et leurs complaisant

Du fond de sa prison, soulavie, citoyen Français, se glorifie et se sent honoré des poursuites des clubs de Genève. Des terreurs, des fusillades, des emprisonnemens

et l'exil d'un huitième de leur nation qu'ils ont égarée, les ont rendus victorieux. Soulavie préfère sa situation si glorieuse dans les fers, au crime et au malheur de régner à Genève avec les clubs fusilleurs. Il n'accuse pas au reste de ces forfaits, tous les clubistes; il reconnoit avec les citoyens de Genève *Cornuaud* et *Gros-Bourdillac etc. etc.*, que des commissions effrayantes pour tuer, la crise du moment, la désolation et l'effroy; un génie cadavereux et malfaisant égarèrent la masse des clubs, comme la finesse et la fausseté de leurs envoyés ont égaré le comité de salut public sur le compte du résident.

Maintenant je vais peindre le factieux genevois ennemi de la France, par lui-même; le comité de salut public jugera des intrigues de ce parti, dans la Convention et aux jacobins, contre nos généraux, contre nos envoyés, contre les envoyés en Frances des puissances neutres.

J'ai continué à Genève avec le baron de Stael, nos anciens travaux pour la neutralité du Nord; et le secretaire de la commission des clubs a publié un libelle où il nous qualifie de conspirateurs; *auteurs de manœuvres qui nous conduiront à la guillotine.* Cet ainsi que les factieux, traitent nos amis. Voici comment ils traitent nos généraux, en écrivant à un Genèvois député suppléant. *Je t'envoye mes écrits sur Kellermann; je ne serais pas faché que mes lettres à ce général traître fussent inserées dans les journaux* APRES SON JUGEMENT. *Je te ferai passer copie de celles que j'écrivis à la convention à son sujet, toutes les pièces sont déjà entre les mains du tribunal révolutionnaire. Les jacobins me l'ont écrit.* L'auteur de ces intrigues compliquées, ne veut

paraître en public qu'après la condamnation de Kellermann.

CONCLUSION.

Chargé de affaires de France à Copenhague : j'ai travaillé avec succès à la neutralité du Nord. Arrivé à
Genève dépendante de la coalition, qui lui fournit les
denrées et les vivres que lui refusent nos loix et nos
besoins, j'ai tout entrepris pour empêcher la jonction
des sardes et des lyonnais; j'ai résisté aux complots de
la faction génevoise, qui a servi la tyrannie française,
quand les français s'efforçoient de la détruire. Pendant
la guerre cette faction a servi les puissances ennemies au
mépris de sa neutralité. Sous le règne de Maximilien elle
s'est identifiée avec les hommes de sang qui ont con-
primé ma patrie. Cette faction, n'a pu, ni me fléchir,
ni m'avilir, ni me neutraliser. Pour plaire à Robespierre,
elle a essayé dans Genève son plan de l'insurrection des
clubs contre le souverain. Elle à fusillé les Genèvois,
qui ont aidé le résident à intercepter les lettres de
Robespierre. Elle a trompé le comité de salut public,
au moment de son renouvellement. C'est pour les plaisirs
et les jouissances des clubs que je me trouve depuis 4
mois emprisonné; l'ancien comité de salut public m'a
délaissé à Genève, pendant un an, sans aucun traitement : je demande communication de ma dépêche de
janvier 1794. (n°...) où j'ai eu le courage d'écrire au
comité *que les puissances de l'Europe ne concluroient
avec nous aucun traité tant que le bourreau seroit à la
tête du gouvernement.* Cette dépêche fut une source de
mes

mes maux,.... je joins enfin ici des pièces justificatives, et j'en attends d'autres pour un premier supplément. Les num. 2 et 3 constatent l'envoi par des Genèvois de l'or de Pitt, pour insurrectionner Lyon; le numéro vingt-deux constate un assassinat commis par des clubistes de Genève.

Au reste ce n'est pas la première fois que les factieux de Genève injurient le ministre de France. Sous Louis XIV ils fusillèrent celui qui le premier osa, selon le droit des ambassadeurs, faire célébrer la messe dans son hôtel. Des Genèvois qui s'applaudissent en secret de cet attentat le rappelent souvent avec complaisance à nos résidens. Les terroristes pouront ajouter a mes successeurs qu'ils m'ont fait emprisonner.

PIECES ET PREUVES

JUSTIFICATIVES.

No. I. *Second supplément aux instructions du citoyen Soulavie, chargé des affaires de la république pour le Dannemark.*

Depuis ses instructions précédentes, le citoyen Soulavie a parlé d'affaires à . . . . ; il l'a disposé à des principes favorables à la conservation des forces de la France et de son influence en Europe. Il lui a fait goûter la grande mesure de regarder la France comme le point d'appui de toutes les puissances foibles ou subalternes : il l'a même préparé à des projets d'une alliance effective entre la France et . . . . ., et lui a démontré la nécessité de cette alliance, si l'Autriche, la Russie, la Prusse, l'Espagne et l'Angleterre, opéroient le moindre débordement.

Le citoyen Soulavie, avant son départ, rédigera ses négociations avec . . . . . et ses conférences avec . . . . . et les remettra au département.... etc.

Signé, LEBRUN.

N°. II. *Note du gouvernement de Genève , contre l'affiche du représentant Dubois , de Crancé , relativement aux louis envoyés à Lyon.*

Le comité de sûreté , établi par la nation genevoise, informe le citoyen François Jean-Louis Soulavie, résident de la république française , une et indivisible, auprès de celle de Genève, qu'hier on a affiché dans Carrouge, un placard qui inculpe LA NATION GENEVOISE , et qui l'accuse d'avoir fait passer à Lyon des sommes considérables , pour y protéger les contre-révolutionnaires ; une inculpation aussi contraire à la vérité , ne peut être passée sous silence , et rien n'est plus urgent pour nous , que de détruire cette calomnie liberticide.

Nous requérons avec confiance le témoignage de la légation française sur la conduite que le comité a tenu à l'occasion de *l'échange des louis en or , contre les espèces d'argent* , qui a eu lieu il y a quelque tems.

C'est pourquoi le comité vient vous prier , citoyen résident, de requérir de la municipalité de Carrouge , soit dudit district, de faire cesser ces bruits calomnieux; et d'en poursuivre les auteurs , etc.

Signé , JANOT, *président.*

N°. III. *Réponse du résident de France , du 30 juillet 1793.*

J'arrive dans ce pays-ci , citoyen ; je n'ai aucune

connoissance de la situation des esprits. L'affiche de Carrouge, où l'on se plaint de l'or qui est passé de Genève dans Lyon pour l'insurrectionner, est signée des représentans du peuple français. Assurement, ni le gouvernement de Genève, ni la nation, ne se sont point rendus coupables d'un délit de cette nature ; personne ne les accuse ; mais des particuliers genevois en sont coupables ; les procédures faites contre eux sont illusoires, puisqu'ils ne sont point encore punis. Au lieu donc de châtier les dénonciateurs du délit, comme vous me le demandez, c'est les auteurs du délit dont je vous demande le châtiment : et comment pourrois-je poursuivre moi-même le châtiment de ces dénonciations ? Ce sont des représentans du peuple français qui ont fait cet éclat. Leur autorité est bien supérieure à la mienne ; aussi-tôt que les traîtres auront été punis, je vous promets de faire afficher votre sentence, de l'envoyer à la convention nationale, au comité de salut public, et au conseil exécutif : je ferai valoir, citoyens, cet acte de justice, et je prouverai par là combien vous nous êtes attachés.

N°. IV. *Déclaration faite au résident, du versement de la caisse de la bourse française à Genève dans la caisse de Capet d'Artois.*

A déclaré au citoyen résident de France, le citoyen Muret, natif de St.-Leger-en-Gevaudan, etc. 1°. qu'il a aidé à porter la somme de dix-huit cent mille livres, lui et ses confrères, provenant de la caisse de ladite bourse française , laquelle somme a été envoyee au comte d'Artois, il y a trois ans, et dans le même-tems, six cens mille livres au régiment de Châteauvieux, etc.

A Genève, le 17 janvier 1794.

Signé, MURET.

No. V. *Lettre du citoyen Jeannet , adjudant-général, chef de brigade , au citoyen Soulavie , le 6 messidor.*

Citoyen résident, tout le pays est en émotion : trois mille cultivateurs ont abandonné la récolte pour prendre les armes ; dites-nous ce que vous savez de sur le projet de faire prendre Genève par les émigrés , de concert avec un parti de l'intérieur de 'Genève ; consignés sur vos registres que , si les émigrés du pays de Vaud paroissent de ce côté du lac , je les y culbutte : la même émotion a été communiquée de l'autre côté du lac, et les officiers me mandent la même chose. Nous desirons connoître votre opinion sur le danger, vous priant de veiller sur le lac , conjointement avec nous.

Signé, JEANNET.

No. VI. *Lettre du citoyen Noel , adjudant-général, au citoyen Soulavie.*

CITOYEN,

Je te fais passer copie de la lettre que je viens de recevoir ; tu y verras les projets des émigrés : comme tu es dans le foyer de ces trames, donne-toi du mouve-ment, replie-toi en tout sens, pour savoir où en veu-lent venir ces amis des trônes ; le zèle que tu as tou-jour témoigné pour la chose publique, et l'énergie dont tu es susceptible, me répondent que tu ne négligeras aucun moyen pour déceler les complots qui s'ourdissent contre ton pays. Je suis en garde sur cette frontière, et j'ose garantir qu'elle sera impénétrable. Tient-moi sur les avis de ce que tu apprendras ; j'en ferai autant.

Signé, NOEL.

No. VII. *Lettre de l'aide-de-camp du général division-naire, après avoir reçu les lettres du secrétaire de légation, de Mont-Mole, le 6 messidor.*

Je viens de recevoir pour le général Pouget, deux lettres consécutives, qui l'avisent que les émigrés veu-lent tenter un coup de main sur Genève. Ce ne sont encore que des soupçons ; mais ils paroissent fondés, dit la lettre. Un mouvement intérieur pourroit leur ouvrir les portes de la ville ; ils arriveroient par le lac et par Versoix : on craint qu'ils n'ayent un parti dans le Cha-blais. Je me hâte, mon cher général, de te communi-quer cet avis, en l'absence du général, pour que tu songes de les veiller ; espérant que, par ton intelligence et ton activité, tu sauras nous dire jusques à quel point tous ces bruits peuvent être fondés.

Signé, THORON.

No. VIII. *Déclaration d'un citoyen de Férnex , sur la fausse nouvelle donnée par le secrétaire de légation , à l'état-major.*

Je déclare que le secrétaire de légation de France à Genève , a avoué en ma présence et celle de l'adjudant-général Jeannet , qu'il avoit écrit à un des généraux qui commandoit anx environs de Carrouge , qu'il soupçonnoit l'arrivée des émigrés en Suisse sur Genève , et que ce général écrivit à l'adjudant-général Jeannet à Fernex , de s'opposer à ce que ces émigrés fissent une descente sur France. Le commandant-général Jeannet , n'avoit point de troupes dans ce moment sous son commandement , et organisa la garde nationale du pays de Gex. Le résident se transporta à Versoix et à Fernex , et nous dit que l'arrivée des émigrés étoit une fable ; le secrétaire de légation nous dit qu'il avoit des ordres particuliers , et qu'il n'aimoit pas d'être intérrogé.

Genève , ce 12 messidor , l'an 2me de la république française une et indivisible.

Signé , BORSAT.

No. IX. *Extrait d'une lettre du magistrat de Berne , au citoyen Barthelemy , embassadeur en Suisse , sur l'armement nocturne du pays de Gex , du 2 juillet 1794 , communiquée officiellement au résident de France à Genève.*

Si vous écrivez aux autorités constituées dans les dé-

partemens frontières, ditez-leur, je vous prie , qu'ils ne
doivent avoir aucune méfiance sur la façon de penser
des suisses ; qu'ils continueront à observer la stricte neutralité , et qu'ils ne se mêleront point du-tout à intriguer
ni directement ni indirectement contre la république
française ni contre le gouvernement actuel ; on cherche
sur-tout , dans le pays de Gex , a exciter le peuple à
une démarche hostile contre nos frontières , dans l'intention de nous engager dans la grande rixe , pour faire
une diversion ; mais on n'en viendra pas à bout , à ce
que j'espère , et la mine paroît assez éventée , de sorte
qu'il n'y a plus rien à craindre.

N9. X. *Extrait d'une lettre de M. Lavoyer , de
Berne , au citoyen Barthelemy , du 13 juillet 1794.*

Pour ce qui est , monsieur , du nouveau rassemblement d'émigrés français et genevois , pour faire une
invasion en France , j'espère encore que V. E. n'a pas
attendu ma réponse pour se convaincre de l'impossibilité
et l'existence d'un pareil projet ; mais comme messieurs
Théodore Lameth et Durovaire étoient particulièrement
désignés comme suspects , ils ont , l'un et l'autre , reçu
l'ordre de quitter les terres du canton.

Je ne me permettrai , monsieur , aucune réflexion sur
ces bruits toujours renouvellés , de rassemblement et
d'invasion ; mais je ne puis vous dissimuler l'extrême
sensation qu'a dû faire chez nous le tocsin sonné de
nuit , et la prise d'armes au pays de Gex et districts
voisins , qui ont été le résultat de cet étrange bruit :

sans la sagesse de messieurs les baillis et commandans sur cette frontière , tout le pays auroit à l'instant même pris les armes , devant se croire au moment d'être attaqué. Les suites de ces sortes d'incidens sont difficiles à prévoir, et peuvent devenir fâcheuses.

Nº. XI. *Proclamation de la république de Berne , du 4 août , contre les clubistes genevois.*

Genève , cette république à laquelle nous avons constamment pris l'intérêt, résultant de longues et intimes relations d'alliés et des connexions habituelles d'un voisinage immediat , est livrée à des calamites inouies , dont il est impossible de prévoir ni l'étendue ni la durée, ni les suites. Au moment où l'on nous faisoit espérer le retour de la tranquillité, par le nouvel ordre de choses que le gouvernement venoit de nous ANNONCER solemnellement, de même qu'au canton de Zurich , comme le terme de toutes les dissentions , une troupe de gens armés et effrénés à attaqué et renversé la liberté publique et la sûreté personnelle ; on les a vus, à force ouverte , violer les domiciles , en arracher une foule d'individus, les arrêter arbitrairement , les mettre dans diverses prisons : le sang à coulé , des citoyens ont été immolés, contre le vœu même de la majorité des votans, et de nouvelles victimes sont désignées ; des nouveaux attentats sur les personnes et les propriétés se préparent et s'exécutent, au milieu des sermens de conserver les formes établies et les lois de l'état, Genève , consternée , attend dans la terreur, le sort que lui préparent les perturbateurs sanguinaires qui ont usurpé le droit de disposer des vies et des fortunes de leurs concitoyens.

N°. XII. *Arrêté et concordat du 2 thermidor, entre le représentant Meaulle, envoyé dans l'Ain, et les citoyens Buttin et Roch, administrateurs de Genève.*

Tous les grains, vins, fourrages et denrées, crus sur des fonds de terre appartenans aux suisses et genevois, et enclavés dans le territoire français, district de Gex, seront recueillis et conservés dans des granges en France; il sera envoyé copie de l'arrêté au gouvernement genevois, en attendant la permission du comité de salut public, pour l'exportation de ces denrées.

N°. XIX. *Plainte du représentant Meaulle, au résident de France, contre les clubistes.*

Genève ne donne pas à mon arrêté l'exécution que j'avois lieu d'en attendre. Je viens de recevoir une lettre des officiers municipaux de St.-Jenis qui m'annonce que 200 hommes, au moins, se sont portés à enlever des grains en France, contre les dispositions formelles de mon arrêté. Dis donc aux genevois, que s'ils ne prennent des mesures pour proscrire ces mouvemens qui sont attentatoires a la bonne harmonie qui les unit à la R. F., je me verrai forcé d'en instruire le comité de salut public.

Signé, M E A U L L E.

N°. XVI. *Autre plainte du représentant Meaulle, le 10 thermidor, contre les gardes clubistes.*

Le pavillon a été insulté sur le lac ; il s'est fait vers les quatre heures, une décharge de cinq coups de fusils, sur un canot français ; cet acte hostile paroît bien contradictoire avec les protestations d'amitié du gouvernement de Genève ; tâche d'en connoître les vrais motifs : que justice soit faite. Instruis le comité de salut public.

Signé, MEAULLE.

N°. XV. *Plaintes des douanes de France contre les clubistes genevois, le 9 thermidor.*

Parvenus au milieu du lac, dirigeant notre marche sur Versoix, notre canot, décoré de trois pavillons aux couleurs nationales de France, facile à distinguer, à ce que deux desdits pavillons dominoient sur nos deux mats voilliers, un poste de garde nationale genevoise nous a crié d'aller à eux, et sans nous donner le tems de faire cap sur leur poste, à leur premier cri., ont fait une décharge de cinq coups de fusils à balles sur nous . . . . . nous avons dressé acte pour la vindicité de l'honneur de la nation française.

N°. XVI. *Copie des passe-ports orduriers, ou cartes de passage, signés et distribués au nombre de douze, par les bureaux des clubs genevois, à douze citoyens illitérés, allant en France, et envoyés au résident par le district de Carrouge.*

'Laissez passer, par la porte neuve, le citoyen J.-G. Gaidre, âgé de 24 ans, cordonnier, allant à Carrouge gagner une chaude p....: il doit revenir à sept heures du soir, etc.

Laissez passer, par la porte neuve, le citoyen S. Dam, serrurier, âgé de 23 ans; il va à l'emplette des V. et promet nous en rapporter une ch. p.... le 27 juillet, l'an 3me. de l'égalité genevoise, 1794.

Signé, RICHARD.

N°. XVII. *Extrait d'un libelle diffamatoire publié, contre le résident de France, par le nommé Desonne, secrétaire de la commission et tribunal des clubs de Genève, contre le baron de Stael, l'auteur de la neutralité du Nord, si amicale pour la France. (page 134).*

Stael, vient moins rarement chez Soulavie depuis quelques jours; toutes ces manœuvres finiront, je l'espère, par conduire à la guillotine ses principaux auteurs (1).

---

(1) *Ce Desonne est un homme de sang ; chassé de*

N°. XVIII. *Extrait de la note officielle du citoyen Soulavie , ministre , résident de France à Genève , aux syndics et consuls de Genève , le 18 thermidor*

Voici une nouvelle plainte sur les passe-ports orduriers ; ils sont déjà parvenus à votre connoissance : je me bornerai donc à observer, 1°. *que l'enlèvement de nos recoltes à main armée par quelques bandits ; 2°. que la fusillade d'une barque , ornée de trois pavillons français ; 3°. que les passe-ports orduriers , insultant toute une commune française ,* sont des preuves palpables de l'intention perverse que manifestent ici les ennemis de la France; ils veulent fatiguer le peuple des environs, l'animer et l'armer contre ces attentats : il me semble que le mécontentement des env rons est à son comble ; on dresse des mémoires sur les délits des ennemis de la France dans Genève , depuis 1789. Je pense, citoyens, que le tems est arrivé de rendre justice à la dignité du nom français ; je vous la demande cette justice, au nom du peuple français , vous prevenant qu'à la première insulte que nous recevrons , je serai obligé d'envoyer un courrier pour prendre les ordres du gouvernement.

France , chassé de Suisse , qui , payé par la coalition , comme ses pareils , pour étie l'espion du résident , ose haïr deux ministres qui travailloient à Genève à la neutralité du Nord.

N°. XIX. *Extrait de la réponse du gouvernement de Genève, imprimée par son ordre, avec la note précédente, sans imprimer les plaintes antérieures.*

Par esprit de paix, par respect pour le caractère public dont vous êtes revêtu, les syndics et conseils ont comprimé les sentimens pénibles qu'ils éprouvoient : ils ont gardé le silence ; mais aujourd'hui que vous ne respectez plus ce caractère, que vous vous affranchissez de toute espèce d'égards envers les magistrats d'un peuple INDÉPENDANT, ils ne peuvent plus dissimuler les sentimens que leur inspire l'étrange conduite que vous tenez avec eux ; ils doivent repousser les procédés VRAIMENT HOSTILES, dont ils sont depuis quelque tems l'objet.

Vous savez très-bien que ceux que vous appelez BANDITS sont d'honnêtes gens cultivateurs, qui, se confiant sur l'arrêté des représentans du peuple à Grenoble, ont cru qu'ils étoient libres d'emporter les denrées provenant des fonds qu'ils possèdent en France.

Un bateau sort de notre port à plusieurs reprises : les comités révolutionnaires, établis par ordre des autorités révolutionnaires, leur crient d'amener. Au lieu d'obéir, il change de route. Cette manœuvre, qui le rend suspect, détermine la garde à tirer dessus. Les français qui le montoient, *provoquèrent par opiniâtreté le danger qu'ils couruient ; il portoit les couleurs bleue, blanche et rouge,* telles que les particuliers genevois en décorent souvent leurs bateaux......

Nous ne prétendons pas justifier les commis de bureaux

établis par le comité revolutionnaire ; pour distribuer les permissions de sortir de la ville...... Les prétendus passe-ports n'étoient que des cartes pour sortir de la ville , et devoient rester au poste de la porte , et ne supposoient de la part de ceux qui les avoient faites , aucune intention d'insulter les français......

Au moment où *les vrais amis* de la liberté et de l'égalité se levent à Genève pour anéantir l'aristocratie , vous supposez aux genevois des vues hostilles contre la république française ! Est-ce pour une telle œuvre que vous avez été envoyé au milieu de nous ? Vous falsifiez les faits pour nous imputer des torts ; vous vous abaissez aux misérables tracasseries de la diplomatie des rois ; vous abusez de votre place pour compromettre avec votre nation , le seul peuple qui ait adopté ces principes..... Le comité de salut public ne refusera pas de nous écouter.... Nous venons de vous dire des vérités dures.... Vos provocations réitérées nous justifieront.... Nous envoyons votre note et notre réponse au comité de salut public.

Nº. XX. *Extrait des registres de la commission révolutionnaire des clubs.*

La commission , ayant eu connoissance de la note du citoyen J.-L. Soulavie , résident de la république française , remise aux syndics et conseils , le 11 thermidor, ainsi que la réponse...... dont elle approuve et appuie le contenu , insiste pour que la note et la réponse soient communiquées , par la voie de l'impression , à nos con-

N°. XXI. *Arrêté des clubs de Genève dans le club central.*

Le gouvernement de Genève est remercié de ses expressions et de sa réponse faite au résident.

N°. XXII. *Plainte de l'agent national du district de Carrouge, sur l'assassinat commis par des genevois, le 25 thermidor, sur la personne des préposés.*

La nuit dernière, des genevois ont fait feu à deux époques sur les préposés, qui ont saisi des contrebandiers qui exportoient les commestibles. (Chamolet fut blessé mortellement, et Dumant legèrement.

No. XXIII. *Extrait de la proclamation du tribunal révolutionnaire des clubs. Elle reconnait l'existance d'une ancienne compagnie de factieux contre la France, établie dans Genève son centre et son point d'appui.*

Vous les avez vus soupirant après une contre-révolution française qui devoit nécessairement en produire une chez nous, faire de vœux pour le succès des armes des puissances coalisées, pour les brigands de la Vendée, pour les rebelles de Lyon. Vous vous souvenez des dérisions, des bravades des démonstrations de joye, qu'ilsse permettoient à la nouvelle des revers qu'essuyérent quelques fois les armées républicaines des français..... Quelques-uns d'entr'eux, dont les noms sont ignorés se disposoient, il y à quelques semaines, à coopérer à un projet contre-révolutionnaire des émigrés français qui ne tendaient pas moins qu'à allumer une nouvelle Vendée dans le département qui nous avoisine, et à faire
de

de notre ville le point d'appui et le centre de leurs liberticides opérations.

XXIV. *Extrait du rapport du corps diplomatique de
Genève. Il assure qu'il n'a pu découvrir dans Ge-
nève les auteurs de la faction des projets contre la
France; il persécute trois genevois, Wite, Grel.... et
Guer, (depuis fusillés en réalité ou en effigie
par les clubistes), et les accuse d'être de la clique de
Brissot, et de traiter Robespierre et Marat de
scélérats.*

On devait, dit le rapport diplomatique, exécuter
des troubles dans Genève qui y eussent amené un chan-
gement, l'ussent mise peut-etre au pouvoir des contre révolutionnaires... on devoit faire ensorte de déterminer la guerre entre la république Française et la
Suisse; on avoit préparé d'avance des hostilités dans lesquelles on auroit cherché à entraîner la première de
ces puissances contre l'autre et auroit nécessité la
rupture.... nous avons la certitude morale que des
genevois de l'intérieur ont trempé dans ce projet contre-
révolutionnaire; mais quels sont-ils, c'est ce que nos recherches n'ont pu nous faire découvrir.... nous devons
dumoins indiquer la liaison qu'il est facile d'appercevoir
entre le but de ce projet et la conduite de quelques individus. Depuis long-tems des hommes tels que Grel,
Goer se sont occupés avec une inconcevable activité à
pervertir en France l'opinion sur notre compte....
Il est constaté par des dépositions régulières que Gré-
nus fut de la faction de Brissot...... que Goer étant
à Paris l'année dernière se fit le solliciteur des con-

damnés d'Orléans qui avaient assassiné Bourdon...
qu'il accusa le montagnards Français de vouloir faire
la contre révolution et qu'il se déchaîna plus d'une fois
alors contre la convention, le tribunal révolutionnaire
et la société de jacobins en leur prodiguant les plus
outrageantes épithétes. Des hommes de ce caractère
sont-ils des républicains sur lesquels on puisse com-
ter ?..... Witel ce soidisant montagnard qui, dans
une de nos sociétés populaires, ainsi qu'il est juridique-
ment prouvé, réclamoit contre les montagnards Français, qui peignoit Capet comme un bon prince et sa
mort comme un assassinat, qui faisoit l'apphologie de Brissot
et de sa clique et invectivoit contre Marat et Robespierre en les traitant de scélérats.... les Gré, les Goer,
les Wite tout en professant le plus entier dévoue-
ment aux intérêts de la république Française, ont ma-
nifesté les mêmes opinions que les conspirateurs dont
elle a fait justice. *Signé* JANOT *syndic,* GASC *syndic,*
BUTIN DE LA PLANCHE *administrateurs et* BOUSQUET.

N°. XXV. *Suites des intrigues des factieux de Genève*
   et nommément de Dessonat, secrétaire du tribunal
   établi par les clubs de Genève pour faire guillotiner
   en France nos généraux sous le règne du tyran.
   Extrait d'un libelle, intitulé. Correspondance de Dessonat avec Grenut. *(Genève,* 1794, *tomp.* 2 *pag.* 3.

Je t'envoye mes écrits sur Kellermann; je ne serais
pas faché que mes lettres à ce général traître fussent
insérées dans les journaux *après son jugement.* Je te
ferai passer copie de celles que j'écrivis dans le tems
à la convention nationale, à son sujet ; toutes les pièces
sont déja entre les mains du tribunal révolutionnaire ; les
acobins me l'ont écrit.

N°. XXVI. *Extrait de la proclamation des syndics e conseil de Genève, sur la conduite des intriguans de Genève qui voyagent en France.*

Les syndics et conseils... considérant que les passe-ports sont des actes au moyen desquels les citoyens d'un état communiquant plus immédiatement avec ceux d'un autre état, y sont traités en amis et en frères et y font leurs affaires en toute sûreté sous la protection de ses loix et de son gouvernement, et qu'ainsi les voyageurs... doivent s'abstenir de toute espèce d'hostilité envers elle et ne commettre sur son territoire rien qui soit contraire aux loix mais s'y soumetre aux régles établies et s'y conduire d'après les principes de l'honneur et de la probité. Considérant qu'il est à Genève quelques individus qui entrainés par un vif intérêt suivent d'autres maximes et manquent également à ce qu'ils doivent à une nation voisine et amie, chez laquelle ils voyagent, et à la république de Genève, en abusant des passe-ports qu'ils employent à couvrir un trafic reprouvé par les loix de la morale, nuisible à cette nation et pernicieux a leur patrie... ordonnent, 1°. que tous les passe-ports qui ont été jusqu'à présent expédiés pour la France sont revoqués et annulés dès le 7 juillet prochain, etc etc.

Résumé des pièces justificatives.

Les genevois se plaignent avec raison d'avoir essuyé de mauvais traitement en France. Les auteurs des pièces officielles ci-dessus ont tout fait à Genève et tout écrit pour y diffamer cette intéressante nation tandis qu'on me reprochera peu-têtre un jour d'avoir tout fait et tout enduré en silence pour pallier et cacher au public les delits de trois ou quatre intriguans dominateurs

qui seuls ont égaré désolé et cadaverisé une nation es-
timable par ses mœurs douces, ses moralité et son atta-
chement à nous.

A vinat, libelles repandus par ces désolateurs, j'ai
opposé huit mois de silence sentimental, et religieux,
et je l'ai cru digne d'un français qui a représenté sa patrie dans une république en convulsion où si souvent j'ai
fait embrasser en public les factieux qui manifes-
taient la soif la plus ardente d'une révolution. Maintenant,
m'insulter dans la prison où ils m'ont mis : j'oppose donc à leurs injures, les actes de leur révolution
qu'ils ont eux-même publié, le comité reconnaitra qu'il
y a 300 exilés en Suisse, ou prisonniers à Genève et
à Paris pour les plaisirs de trois ou quatre desolateurs
de Genève qui ont rendu le comité l'instrument de
leurs passions. J'adhère à tout ce qu'à écrit sur ces hommes de sang, le sénat de Berne, notre ami. Quand sa
profonde sagesse conservatrice de la paix dans Genève,
acte impuissant, je dois toute ma vie me glorifier d'a-
voir eu des mœurs incompatibles avec les principes et les
actes des trois ou quatre chefs des malheurs de l'inter-
ressante Genève. Je la porterai toujours dans mon cœur,
je vous prierai, comme dans ma correspondance, de lui
faire autant de bien que ses agitateurs lui ont fait et lui
feront du mal a elle, a moi et a tous mes successeurs
qui ne seront ni leurs complices ni leurs complaisans,

F i n de la première partie du compte rendu.